essentials

essentials liefern aktuelles Wissen in konzentrierter Form. Die Essenz dessen, worauf es als „State-of-the-Art" in der gegenwärtigen Fachdiskussion oder in der Praxis ankommt. *essentials* informieren schnell, unkompliziert und verständlich

- als Einführung in ein aktuelles Thema aus Ihrem Fachgebiet
- als Einstieg in ein für Sie noch unbekanntes Themenfeld
- als Einblick, um zum Thema mitreden zu können

Die Bücher in elektronischer und gedruckter Form bringen das Expertenwissen von Springer-Fachautoren kompakt zur Darstellung. Sie sind besonders für die Nutzung als eBook auf Tablet-PCs, eBook-Readern und Smartphones geeignet. *essentials:* Wissensbausteine aus den Wirtschafts-, Sozial- und Geisteswissenschaften, aus Technik und Naturwissenschaften sowie aus Medizin, Psychologie und Gesundheitsberufen. Von renommierten Autoren aller Springer-Verlagsmarken.

Weitere Bände in der Reihe http://www.springer.com/series/13088

Karin Nickenig

Reisekostenrecht

Schneller Einstieg in die wesentlichen Grundbegriffe und aktuellen Regelungen

Karin Nickenig
Mülheim-Kärlich, Deutschland

ISSN 2197-6708 ISSN 2197-6716 (electronic)
essentials
ISBN 978-3-658-26375-1 ISBN 978-3-658-26376-8 (eBook)
https://doi.org/10.1007/978-3-658-26376-8

Die Deutsche Nationalbibliothek verzeichnet diese Publikation in der Deutschen Nationalbibliografie; detaillierte bibliografische Daten sind im Internet über http://dnb.d-nb.de abrufbar.

Springer Gabler

Springer Gabler ist ein Imprint der eingetragenen Gesellschaft Springer Fachmedien Wiesbaden GmbH und ist ein Teil von Springer Nature
Die Anschrift der Gesellschaft ist: Abraham-Lincoln-Str. 46, 65189 Wiesbaden, Germany

Was Sie in diesem *essential* finden können

- Dieses *essential* bietet Ihnen einen schnellen Überblick hinsichtlich wesentlicher und aktueller Regelungen im Reisekostenrecht inkl. Bundesreisekostengesetz (BRKG)

Vorwort

Dieses *essential* soll dem interessierten Leser einen kompakten und insbesondere verständlichen Einstieg in das Thema „Reisekostenrecht" inklusive Bundesreisekostengesetz (BRKG) liefern und ihm eine Hilfe im beruflichen Arbeitsalltag, zum Beispiel bei der Erstellung von Reisekostenabrechnungen, sein.

Neben relevanten Definitionen werden die unterschiedlichen Bestandteile der Reisekostenabrechnung betrachtet. Neben den Fahrtkosten werden die aktuellen Verpflegungsmehraufwandspauschalen bzw. Verpflegungspauschalen, Bewirtungskosten, Übernachtungskosten und vieles mehr anschaulich und anhand zahlreicher Beispiele dargestellt. Ein Anspruch auf Vollständigkeit wird nicht erhoben.

Haben Sie Fragen oder Anmerkungen zu den Inhalten dieser Lektüre? Die Autorin Karin Nickenig freut sich sehr auf Ihre Rückmeldung unter office@karin-nickenig.de oder über Ihre Website (https://www.karin-nickenig.de/).

Viel Erfolg bei der Erstellung Ihrer Reisekosten-Abrechnung!

Mülheim-Kärlich
im Frühjahr 2019

Karin Nickenig

Inhaltsverzeichnis

Abkürzungsverzeichnis

BRKG	Bundesreisekostengesetz
BRKGVwV	Allgemeine Verwaltungsvorschrift zum Bundesreisekostengesetz
bspw.	beispielsweise
bzw.	beziehungsweise
EStG	Einkommensteuergesetz
etc.	et cetera
EUR	Euro
GoBD	Grundsätze zur ordnungsmäßigen Führung und Aufbewahrung von Büchern, Aufzeichnungen und Unterlagen in elektronischer Form sowie zum Datenzugriff
LStR	Lohnsteuer-Richtlinie
R	Richtlinie
u. a.	und andere
USt	Umsatzsteuer
z. B.	zum Beispiel

1 Einführung in das Reisekostenrecht

Zu den Reisekosten gehören grundsätzlich sämtliche Kosten, die in Zusammenhang mit der Reisetätigkeit z. B. eines Arbeitnehmers anfallen. Hierbei ist es unerheblich, ob es sich um inländische oder ausländische Kosten handelt. Sämtliche Kosten müssen per Beleg bei der Reisekostenabrechnung nachgewiesen werden. Eine bloße Aufzeichnung z. B. von Bewirtungskosten reicht nicht aus und verstößt gleichfalls gegen die Vorgaben der GoBD [1].

Exkurs „GoBD"
Bei der GoBD [1] handelt es sich um ein Schreiben des Bundesfinanzministeriums vom 14.11.2014, welches sich mit der ordnungsgemäßen Erstellung, Erfassung, Archivierung und Auswertung buchhalterischer Vorgänge u. a. mit Hilfe von elektronischen Datenverarbeitungssystemen beschäftigt. GoBD steht für „Grundsätze zur ordnungsmäßigen Führung und Aufbewahrung von Büchern, Aufzeichnungen und Unterlagen in elektronischer Form sowie zum Datenzugriff".

Zu den Reisekosten zählen gemäß R 9.4 LStR 2015 (Stand 16.03.2019)

- Fahrtkosten
- Verpflegungsmehraufwand
- Übernachtungskosten und
- Reisenebenkosten

Voraussetzung zur Berücksichtigung der Reisekosten ist, dass diese durch eine berufliche Auswärtstätigkeit verursacht wurden. Der Arbeitnehmer ist verpflichtet, die berufliche Auswärtstätigkeit, die Dauer der Reise und den Reiseweg korrekt aufzuzeichnen und die Kosten anhand von geeigneten Unterlagen (z. B. Tankquittungen, Fahrtenbuch) nachzuweisen bzw. glaubhaft zu machen (vgl. R 9.4 LStR 2015, Stand 16.03.2019).

K. Nickenig, *Reisekostenrecht,* essentials,
https://doi.org/10.1007/978-3-658-26376-8_1

2 Verpflegungsmehraufwand, Fahrt-, Übernachtungs- und Reisenebenkosten

Zu den Reisekosten zählen neben den Verpflegungspauschalen, die auch als Verpflegungsmehraufwandspauschalen bezeichnet werden, Fahrt-, Übernachtungs- und Reisenebenkosten. Diese werden im aktuellen Kapitel anhand zahlreicher Beispiele anschaulich erläutert.

2.1 Verpflegungsmehraufwand

Von einem **Verpflegungsmehraufwand** wird bei den Reisekosten ausgegangen, wenn der Arbeitnehmer aufgrund seiner beruflichen Auswärtstätigkeit höhere Kosten für die eigene Verpflegung zu tragen hat als üblicherweise bei sich zu Hause.

Wichtig ist hierbei, dass aus gesetzlicher Sicht lediglich der **Mehraufwand** in Form einer Pauschale berücksichtigt werden darf.

Man unterscheidet den Verpflegungsmehraufwand bei **eintägiger** und bei **mehrtätiger** Auswärtstätigkeit. Darüber hinaus ist auch stets zu klären, ob die Reise im In- oder Ausland stattgefunden hat.

Erstattet werden seit 1996 nur noch die Verpflegungsmehraufwandspauschalen bzw. **Verpflegungspauschalen**, nicht mehr die tatsächlichen Beträge, die vom Reisenden für den Verzehr von Speisen und Getränken gezahlt bzw. verursacht wurden. Dies gilt auch für die Fälle, wo die tatsächlichen Beträge höher sind als die Verpflegungspauschalen.

Der Arbeitnehmer kann maximal die tatsächlich entstandenen, beruflich veranlassten Kosten unter den Voraussetzungen des § 9 (4a) EStG [2] mit den dort aufgeführten Pauschalen ansetzen.

K. Nickenig, *Reisekostenrecht*, essentials,
https://doi.org/10.1007/978-3-658-26376-8_2

Tab. 2.1 Verpflegungsmehraufwandspauschale bei eintägiger Auswärtstätigkeit

Abwesenheit in Stunden	Pauschale 2019/EUR
0–8 h	0,00
> 8 h	12,00

2.1.1 Eintägige berufliche Auswärtstätigkeit im Inland

Vor der Reform des Reisekostenrechts im Jahr 2014 gab es 3 unterschiedliche Pauschalen, die je nach Abwesenheitsdauer von Wohnung und Tätigkeitsstätte durch den Reisenden berücksichtigt werden konnten.

Seit der Reform des Reisekostenrechts 2014 können für eine **eintägige** beruflich veranlasste Auswärtstätigkeit nur noch zwei Pauschalen (s.Tab. 2.1) geltend gemacht werden:

Weitere Aufwendungen sind im Hinblick auf den Verpflegungsmehraufwand nicht möglich. Der Ansatz von tatsächlichen Kosten ist seit 1996 nicht mehr erlaubt.

Die vorgenannte Pauschale kann entweder steuerfrei durch den Arbeitgeber erstattet oder vom Arbeitnehmer im Rahmen der Werbungskosten bei der persönlichen Einkommensteuer-Erklärung berücksichtigt werden.

Ein Arbeitnehmer muss mindestens zwei Voraussetzungen erfüllen, damit er einen Anspruch auf den Ansatz der Verpflegungspauschale von 12,00 EUR hat:

1. Durchführung einer beruflich veranlassten Auswärtstätigkeit
2. Mindestabwesenheit von Wohnung oder ersten Tätigkeitsstätte von mehr als 8 h

Fehlt einer der vorgenannten Voraussetzungen ist eine Berücksichtigung der vorgenannten Verpflegungsmehraufwandspauschale nicht möglich.

► Die Kürzung der jeweiligen Verpflegungsmehraufwandspauschale ist auf maximal 0,00 EUR vorzunehmen.

Zum besseren Verständnis ein Beispiel:

Beispiel 1 „Eintägige berufliche Auswärtstätigkeit im Inland"

Mitarbeiter K verlässt um 9 Uhr seine Mietwohnung in Koblenz und fährt zum ersten Kunden A nach Bonn. Danach fährt er zu seinem Büro in Neuwied. Von 14 Uhr bis 15 Uhr ist er dort (1. Tätigkeitsstätte) und fährt hiernach noch zu Kunde C in Trier. Um 20 Uhr kehrt K nochmal in sein Büro (Neuwied) zurück, bevor er dann um 21 Uhr die Heimreise nach Koblenz antritt.

Fazit: K kann für den abgelaufenen Tag eine Verpflegungspauschale in Höhe von 12,00 EUR geltend machen, da er mehr als 8 h von seiner Wohnung und ersten Tätigkeitsstätte (Büro in Neuwied) beruflich abwesend war.

Der Ansatz von 12,00 EUR ist auch möglich, wenn der Arbeitnehmer die Tätigkeit über Nacht ausgeführt hat und auf die Übernachtung von ihm selbst verzichtet wurde.

Hierzu ebenfalls zum besseren Verständnis ein Beispiel:

Beispiel 2 „Eintägige berufliche Auswärtstätigkeit im Inland"

Mitarbeiter K (Paketzusteller) verlässt um 20:30 Uhr (Montag) seine Mietwohnung in Koblenz und fährt über Nacht seine Pakete aus, bis er am Dienstag um 6 Uhr wieder zu Hause eintrifft.

Fazit: K kann ist im Rahmen einer beruflichen (Fahr-)Tätigkeit über Nacht unterwegs und kann für die mehr als 8-stündige Abwesenheit eine Verpflegungspauschale in Höhe von 12,00 EUR geltend machen. Diese wird dem zweiten Tag zugeordnet, da hier eine längere Abwesenheit vorliegt.

Jeder Arbeitnehmer sollte jedoch folgendes beachten:

▶ Die steuerfreie Erstattung durch den Arbeitgeber bei gleichzeitigem Ansatz der Pauschalen als Werbungskosten im Rahmen der persönlichen Einkommensteuer-Erklärung sind nicht gestattet!

2.1.2 „Mondschein-Klausel"

Die sogenannte „Mondschein-Klausel" wird in den Fällen angewandt, wo ein Arbeitnehmer z. B. an Tag 1 die Wohnung verlässt, um seine berufliche Tätigkeit über Nacht auszuüben, und dann am Folgetag 2 in seine Wohnung zurückkehrt, ohne übernachtet zu haben.

Für den Ansatz der Verpflegungspauschale ist es wichtig, zu prüfen, an welchem Tag der Arbeitnehmer überwiegend außerhalb seiner Wohnung beruflich unterwegs war.

Zum besseren Verständnis ein Beispiel:

Beispiel „Mondschein-Klausel"

A fährt mit seinem Lkw am 03.05. um 22:30 Uhr von Berlin nach Köln. Er kehrt – unter Berücksichtigung der gesetzlich vorgeschriebenen Lenkpausen am Folgetag (04.05.) um 9 Uhr zurück in seine Wohnung (Berlin).

Fazit: A ist am 03.05. 1,5 h von seiner Wohnung abwesend und am 04.05. 9 h. Da er am 04.05. länger von seiner Wohnung abwesend war als am 03.05., erhält A die Verpflegungspauschale für den 04.05.

Auch hier gilt: entweder kann der Ansatz über die Werbungskosten nach § 9 EStG [2] in der persönlichen Einkommensteuer-Erklärung erfolgen oder als steuerfreien Ersatz über den Arbeitgeber.

2.1.3 Mehrtägige Auswärtstätigkeit im Inland

Seit das Reisekostenrecht im Jahr 2014 reformiert wurde, können für mehrtägige beruflich veranlasste Auswärtstätigkeit die Pauschalen aus Tab. 2.2 berücksichtigt werden:

Weitere Aufwendungen sind im Hinblick auf den Verpflegungsmehraufwand nicht möglich. Der Ansatz von tatsächlichen Kosten (in voller Höhe) ist seit 1996 nicht mehr erlaubt.

Die vorgenannten Pauschalen können entweder steuerfrei durch den Arbeitgeber erstattet oder vom Arbeitnehmer im Rahmen der Werbungskosten bei der persönlichen Einkommensteuer-Erklärung berücksichtigt werden.

Der Arbeitnehmer kann sich bei mehrtägigen beruflich veranlassten Geschäftsreisen für den An- und Abreisetag jeweils 12,00 EUR (ohne Mindestabwesenheitsdauer von Wohnung und erster Tätigkeitsstätte) steuerfrei vom Arbeitgeber auszahlen lassen oder im Rahmen seiner persönlichen Einkommensteuererklärung als Werbungskosten in Abzug bringen.

Tab. 2.2 Verpflegungsmehraufwandspauschale bei mehrtägiger Auswärtstätigkeit

Abwesenheit in Stunden	Pauschale 2019/EUR
Anreisetag (ohne Mindestabwesenheit)	12,00
Abreisetag (ohne Mindestabwesenheit)	12,00
24 h	24,00

Ist er mehr als 24 h von seiner Wohnung oder ersten Tätigkeitsstätte abwesend, kann er zusätzlich zu den vorgenannten 12,00 EUR für jeden sogenannten Zwischentag eine Verpflegungspauschale von 24,00 EUR ansetzen [10].

Es ist bei der Berücksichtigung von Verpflegungspauschalen unerheblich, ob Übernachtungskosten anfallen oder nicht. Diese werden unabhängig von der Gewährung der Verpflegungspauschale betrachtet.

▶ Die Kürzung der jeweiligen Verpflegungspauschale ist auf maximal 0,00 EUR vorzunehmen.

Darüber hinaus ist zu beachten, dass auch ein Snack oder Imbiss, der durch den Arbeitgeber während einer auswärtigen Tätigkeit gereicht wird, eine Mahlzeit sein kann, je nachdem ob die zur Verfügung gestellte Nahrung anstatt einer Mahlzeit, die üblicherweise zum entsprechenden Zeitpunkt gereicht wird, verspeist wird [1].

Hierzu nun ein Beispiel:

Beispiel „Mehrtägige berufliche Auswärtstätigkeit im Inland"

Mitarbeiter K (Montagedienst) verlässt am Montag um 11 Uhr seine Wohnung in Kassel und fährt nach München, wo er um 18 Uhr in seiner Unterkunft eintrifft. Dienstag und Mittwoch arbeitet er im Auftrag seines Arbeitgebers bei einem Kunden, bevor er am Donnerstag um 10 Uhr die Heimreise antritt und gegen 17 Uhr in Kassel (Wohnung) ankommt. Eine Kürzung der Pauschale wegen Mahlzeitengestellung durch den Arbeitgeber soll nicht erfolgen.

Fazit: K kann aufgrund seiner mehrtägigen beruflichen Auswärtstätigkeit folgende Pauschalen geltend machen: Montag 12,00 EUR, Dienstag 24,00 EUR, Mittwoch 24,00 EUR und Donnerstag 12,00 EUR. Insgesamt kann K 72,00 EUR von seinem Arbeitgeber steuerfrei erstatten lassen oder im Rahmen der Werbungskosten in seiner persönlichen Einkommensteuer-Erklärung berücksichtigen.

▶ Die steuer- und beitragsfreie Erstattung von Verpflegungspauschalen für eine längerfristige Auswärtstätigkeit an einer Tätigkeitsstätte ist nur für einen **Zeitraum von 3 Monaten** gesetzlich erlaubt!

2.1.4 Berufliche Auswärtstätigkeit im Ausland

Bei einer **beruflichen Auswärtstätigkeit im Ausland** werden unterschiedliche, länderspezifische Verpflegungspauschalen, sogenannte Auslandstagegelder, berücksichtigt. Diese werden durch das Bundesministerium der Finanzen jährlich veröffentlicht [5].

Sofern der Arbeitnehmer in verschiedenen ausländischen Staaten unterwegs ist, gilt für den An- und Abreisetag, dass bei einer Anreise vom Inland ins Ausland oder vom Ausland ins Inland jeweils die gültige Verpflegungspauschale des jeweiligen Landes maßgeblich ist, welches vor 24 Uhr vom Arbeitnehmer erreicht wird. (vgl. R 9.6 (3) LStR 2015, Stand 22.03.2019).

▶ Für die fehlenden Staaten in der Bekanntmachung des Bundesfinanzministeriums gilt die Pauschale von Luxemburg.

Zum besseren Verständnis nun ein Beispiel:

Beispiel „Berufliche Auswärtstätigkeit im Ausland"

Mitarbeiter K (Montagedienst) verlässt am Montag um 22 Uhr seine Wohnung in Brüssel (Belgien) und fährt nach München (Deutschland), wo er am Dienstag um 5 Uhr in seiner Unterkunft eintrifft. Um 24 Uhr war K noch in Belgien. Dienstag und Mittwoch arbeitet er im Auftrag seines Arbeitgebers bei einem Kunden, bevor er am Donnerstag um 10 Uhr die Heimreise antritt und gegen 17 Uhr wieder in Brüssel (Wohnung) ankommt.

Fazit: K kann aufgrund seiner mehrtägigen beruflichen Auswärtstätigkeit folgende Pauschalen geltend machen: Montag: Verpflegungspauschale für Belgien, Dienstag, Mittwoch und Donnerstag: Verpflegungspauschale für Deutschland. K kann die Verpflegungspauschalen von seinem Arbeitgeber steuerfrei erstatten lassen oder im Rahmen der Werbungskosten in seiner persönlichen Einkommensteuererklärung berücksichtigen.

2.1.5 Mahlzeitengestellung durch den Arbeitgeber

Sofern der Arbeitgeber die **Mahlzeiten** stellt, also diese finanziert, sind die oben genannten Verpflegungspauschalen gemäß Tab. 2.3 zu kürzen:

Tab. 2.3 Verpflegungsmehraufwandspauschale bei mehrtägiger Auswärtstätigkeit

Vorgang	Kürzung in %
Frühstück	20
Mittagessen	40
Abendessen	40

Die gekürzten Beträge können entweder als Werbungskosten im Sinne des § 9 Abs. 4a EStG [2] geltend gemacht oder durch den Arbeitgeber steuerfrei ersetzt werden.

Voraussetzung für den steuerfreien Ersatz ist, dass die zu berücksichtigenden Beträge diejenigen Pauschalen, welche im § 9 Abs. 4a EStG [2] genannt werden, nicht überschreiten.

Die Kürzungsbeträge ermitteln man stets, indem man von der inländischen Verpflegungspauschale (Höchstsatz für 24 h) die vorgenannte prozentuale Kürzung für Frühstück, Mittag- und Abendessen vornimmt, wie Tab. 2.4 zu entnehmen ist:

Zum besseren Verständnis ein Beispiel:

Beispiel „Mahlzeitengestellung durch den Arbeitgeber"

Mitarbeiter K (Montagedienst) ist von 10 Uhr bis abends 19 Uhr bei unterschiedlichen Kunden unterwegs. In der Mittagspause verzehrt er eine Currywurst mit Pommes zum Preis von 7,00 EUR. Er legt den Kassenbon für das Mittagessen seinem Arbeitgeber vor.

Fazit: K ist mehr als 8 h von seiner Wohnung und ersten Tätigkeitsstätte abwesend und kann daher eine Verpflegungspauschale in Höhe von 12,00 EUR geltend machen. Er kann durch seinen Arbeitgeber den Wert des Mittagessens in Höhe von 7,00 EUR erstattet bekommen und zusätzlich eine gekürzte Verpflegungspauschale in Höhe von 12,00 EUR./. 9,60 EUR = 2,40 EUR in Anspruch nehmen. Die Kürzung wird vorgenommen, da der Arbeitnehmer die Mahlzeit gestellt, also auch bezahlt. Hierbei ist es unerheblich, ob der Arbeitgeber sofort zahlt oder die Rechnung später zur Erstattung vorgelegt bekommt.

Tab. 2.4 Kürzung von inländischen Verpflegungspauschalen

Vorgang	Berechnung	Kürzungsbetrag
Frühstück	20 % von 24,00 EUR	4,80 EUR
Mittagessen	40 % von 24,00 EUR	9,60 EUR
Abendessen	40 % von 24,00 EUR	9,60 EUR

2.1.6 Dreimonatsfrist

Bei einer längerfristigen beruflichen Tätigkeit an derselben Tätigkeitsstätte ist der Abzug der Verpflegungspauschalen auf **drei Monate** beschränkt.

Die längerfristige berufliche Tätigkeit ist erst dann gegeben, wenn der Arbeitnehmer an **mindestens 3 Tagen pro Woche an derselben Tätigkeitsstätte** beruflich tätig wird. Beträgt die Dauer der beruflich auswärtigen Tätigkeit an derselben Tätigkeitsstätte nur 2 Tage, dann beginnt die Dreimonatsfrist nicht zu laufen.

Wir die vorliegende berufliche Tätigkeit für einen Zeitraum von vier Wochen unterbrochen, führt dieses zu einem Neubeginn des Dreimonatszeitraums [2].

Zum besseren Verständnis ein Beispiel:

Beispiel 1 „Dreimonatsfrist"

Mitarbeiter K (Montagedienst) musste krankheitsbedingt seine berufliche Tätigkeit in Düsseldorf, welche er in der Regel an 4–5 Tagen in der Woche ausführte, am 23. September vorübergehend aufgeben. Am 28. Oktober kehrt K wieder gesundet an seine Tätigkeitsstätte in Düsseldorf zurück.

Fazit: K kann ab dem 28. Oktober wieder für 3 Monate seine Verpflegungspauschalen für die beruflich veranlasste Auswärtstätigkeit entweder steuerfrei vom Arbeitgeber erstatten lassen oder im Rahmen seiner persönlichen Einkommensteuer-Erklärung als Werbungskosten in Abzug bringen. Da er mehr als 4 Wochen nicht mehr an der gleichen Tätigkeitsstätte arbeitete, beginnt die Dreimonatsfrist nach Ablauf der 4 Wochen neu zu laufen.

Die Dreimonatsfrist spielt in den Fällen keine Rolle, wo die auswärtige Tätigkeitsstätte an weniger als 3 Tagen pro Woche aufgesucht wird.

Zum besseren Verständnis ein Beispiel:

Beispiel 2 „Dreimonatsfrist"

Mitarbeiter K (Montagedienst) arbeitet pro Woche 2 Tage in einer auswärtigen Tätigkeitsstätte in Düsseldorf.

Fazit: K kann ohne Berücksichtigung des Dreimonatszeitraums die Verpflegungspauschalen in Anspruch nehmen, da er weniger als 3 Tage pro Woche an derselben Tätigkeitsstätte arbeitet.

2.1.7 Pauschalbesteuerung

Der Arbeitgeber hat gemäß § 40 (2) S. 1 Nr. 4 UStG [6] die Möglichkeit, die Verpflegungspauschalen im Rahmen seiner Auswärtstätigkeit dem Arbeitnehmer **pauschal** zu versteuern, sofern die dem Arbeitnehmer zu erstattende Pauschale ohne Kürzung den gesetzlich zulässigen Wert **nicht um 100 % übersteigt** [2].

▶ Wenn nach Ablauf der Dreimonatsfrist die steuerfreie Berücksichtigung der Verpflegungspauschale nicht mehr möglich ist, scheidet auch die Möglichkeit der Pauschalversteuerung durch den Arbeitgeber aus [6].

Zum besseren Verständnis ein Beispiel:

Beispiel „Pauschalbesteuerung"

Arbeitnehmer K bekommt im Rahmen seiner fünfmonatigen beruflichen Auswärtstätigkeit Vergütungen für seinen Mehraufwand im Rahmen der Verpflegung in Höhe von 48,00 EUR für jeden Kalendertag. 24,00 EUR werden jeweils für den An- und Abreisetag vom Arbeitgeber gezahlt.

Fazit: Die Verpflegungspauschale kann für einen Dreimonatszeitraum für volle Kalendertage jeweils in Höhe von 24,00 EUR steuerfrei berücksichtigt werden, für den An- und Abreisetag jeweils in Höhe von 12,00 EUR. Der vom Arbeitgeber freiwillig gewährte höhere Betrag von 24,00 EUR bzw. 12,00 EUR kann dieser pauschal mit einem Steuersatz in Höhe von 25 % versteuern.

Nach Ablauf des Dreimonatszeitraums sind sämtliche vom Arbeitgeber gezahlten Verpflegungspauschalen dem Arbeitslohn des Arbeitnehmers hinzuzurechnen und entsprechend zu versteuern. Eine Steuerbefreiung kann an dieser Stelle nicht mehr vorgenommen werden.

2.1.8 Übliche Mahlzeiten

Stellt der Arbeitgeber im Rahmen einer beruflich veranlassten Auswärtstätigkeit eine sogenannte **„übliche Mahlzeit"** zur Verfügung, wird diese mit einem amtlichen Sachbezugswert bewertet.

Auch im Rahmen der doppelten Haushaltsführung wird der Sachbezugswert zur Bewertung einer üblichen Mahlzeit herangezogen.

Als üblich wird eine Mahlzeit (zzgl. Getränke) immer dann eingestuft, wenn diese gemäß § 8 (2) S. 8 EStG einen Preis in Höhe von 60,00 EUR nicht übersteigt [7].

Übersteigt der Preis den Betrag von 60,00 EUR, ist von einem „Belohnungsessen" auszugehen, welches stets dem Arbeitslohn hinzuzurechnen ist. Voraussetzung hierfür ist, dass der Arbeitgeber oder ein von ihm beauftragter Dritter diese Mahlzeit aus beruflichem Anlass gewährt.

▶ Kann der Wert der Mahlzeit nicht eindeutig bestimmt werden, ist dieser zu schätzen!

Bei der Berücksichtigung der 60,00 EUR-Grenze werden Zuzahlungen durch den Arbeitnehmer nicht berücksichtigt.

Zum besseren Verständnis ein Beispiel:

Beispiel „Übliche Mahlzeit"

Arbeitnehmer K bekommt im Rahmen seiner beruflichen Auswärtstätigkeit durch den Arbeitgeber ein Mittagessen in Höhe von 20,00 EUR (inkl. Getränk) gestellt.

Fazit: Es handelt sich um eine übliche Mahlzeit, da die Grenze in Höhe von 60,00 EUR nicht überschritten wurde. Wäre diese Grenze überschritten worden, wäre die Mahlzeit als sogenanntes Belohnungsessen dem Arbeitslohn des Arbeitnehmers hinzuzurechnen gewesen.

2.1.9 Bewirtungskosten

Die **Bewirtungskosten** gehören zu den betrieblichen Ausgaben, die gemäß § 4 (5) S. 1 Nr. 2 EStG [8] zum Teil nicht abzugsfähig sind.

Von den angemessenen und per Beleg nachgewiesenen Kosten, die entstehen, wenn Geschäftsfreunde zum Essen eingeladen werden, werden 70 % der Netto-Bewirtungskosten als steuerlich abzugsfähige Betriebsausgaben anerkannt; 30 % der nachgewiesenen und angemessen eingestuften Bewirtungskosten sind steuerlich jedoch nicht zu berücksichtigen und werden dem handelsrechtlichen Ergebnis außerhalb der Bilanz in einer Nebenrechnung wieder hinzugerechnet.

Die Vorsteuer kann jedoch gemäß § 15 (1a) S. 2 UStG [9] – ausnahmsweise – in voller Höhe von der Umsatzsteuer-Traglast zur Ermittlung der Umsatzsteuer-Zahllast bzw. des Vorsteuer-Überhangs abgezogen werden [13].

Damit Bewirtungskosten in der Buchhaltung berücksichtigt werden können, muss jeweils ein ordnungsgemäßer Beleg vorliegen. Dieser hat gemäß § 4 (5) S. 1 Nr. 2 EStG [8] folgende Angaben zu enthalten: Ort, Tag, Teilnehmer, Bewirtungsgrund und die Höhe der Aufwendungen.

Zum besseren Verständnis nun ein Beispiel:

Beispiel „Bewirtungskosten"

Unternehmer U geht mit Kunde K in ein Restaurant und bespricht mit ihm während eines Mittagessens ein neues Projekt, welches K dem Unternehmer U in Auftrag geben möchten. Die Kosten für das als angemessen geltende Mittagessen belaufen sich inklusive Getränke auf 59,50 EUR.

Fazit: Es handelt sich um geschäftliche Betriebsausgaben („Geschäftsessen"), die gemäß § 4 (5) S. 1 Nr. 2 EStG [8] in einen abziehbaren (70 %) und einen nicht abziehbaren (30 %) Anteil aufzusplitten sind. Der nicht abziehbare Anteil wird dem handelsrechtlichen Ergebnis wieder hinzugerechnet, sodass das steuerliche Ergebnis höher ausfällt. Die Vorsteuer kann zu 100 % in Abzug gebracht werden. Eine Aufteilung ist hierbei ausnahmsweise nicht erforderlich.

Von den geschäftlichen Essen sind die betrieblichen Mahlzeiten z. B. bei einer Betriebsveranstaltung mit internen Mitarbeitern zu unterscheiden. Hierbei ist eine Aufteilung der Kosten in einen abziehbaren und nicht abziehbaren Anteil nicht erforderlich. Die Kosten können insgesamt in den Aufwand gebucht werden.

▶ Nur betriebliche Bewirtungen können handels- und steuerrechtlich insgesamt als Aufwendungen berücksichtigt werden.

2.2 Fahrtkosten

In diesem Abschnitt des *essentials* wird zunächst der Begriff **„Fahrtkosten"** definiert und die hiermit in Zusammenhang stehenden Begrifflichkeiten (z. B. Tätigkeitsstätte, Sammelpunkt) kurz und anschaulich erläutert.

2.2.1 Allgemeine Anmerkungen

Fahrtkosten entstehen immer dort, wo ein Arbeitnehmer ein Beförderungsmittel zur Durchführung einer Reise benutzt. Es handelt sich hierbei um Kosten, die **nicht** für Fahrten zwischen Wohnung und erster Tätigkeitsstätte anfallen, sondern um solche Kosten, die entstehen, wenn der Arbeitnehmer beispielsweise einen Kunden besucht.

2.2.2 Definitionen

Um die nachfolgenden Ausführungen besser verstehen zu können, sollen an dieser Stelle einige Erläuterungen zu relevanten Fachbegriffen auf dem Gebiet der Fahrtkosten erlaubt sein:

Was ist eine „Tätigkeitsstätte"?
Eine **Tätigkeitsstätte** ist ein Ort, an dem der Arbeitnehmer seine berufliche Tätigkeit außerhalb seiner Wohnung ausführt. Diese Tätigkeitsstätte stellt eine ortsfeste, betriebliche Einrichtung dar. Beispiele: Büro, Baucontainer. Das häusliche Arbeitszimmer eines Arbeitnehmers stellt jedoch keine ortsfeste betriebliche Einrichtung dar, da die Räumlichkeit mit der Wohnung fest verbunden ist [10].

Ab dem 01.01.2014 (Reform des Reisekostenrechts) gibt es die gesetzliche Definition der „ersten Tätigkeitstätte" gemäß § 9 (4) EStG [2], wonach es sich hierbei um einen Ort handelt, der gemäß einer dienst- oder arbeitsrechtlichen Festlegung durch den Arbeitgeber als vorrangige Tätigkeitsstätte des Arbeitnehmers anzusehen ist. Ein Arbeitnehmer kann nur eine Tätigkeitsstätte haben [12].

Hat ein Arbeitnehmer keine erste Tätigkeitsstätte, ist er außerhalb seiner Wohnung stets auswärtig im Einsatz [10].

Zahlreiche Beispiele zum Thema „Tätigkeitsstätte" finden sich im ergänzenden BMF-Schreiben zur Reform des steuerlichen Reisekostenrechts ab 1.1.2014 [10].

Was ist ein „Sammelpunkt"?
Sofern ein Arbeitnehmer keine erste Tätigkeitsstätte hat und der Arbeitgeber z. B. dienstrechtlich festlegt, an welchem Ort sich der Arbeitnehmer arbeitstäglich regelmäßig einfinden soll, dann handelt es sich um einen sogenannten **Sammelpunkt.** Dieser Ort erfüllt im Falle eines Sammelpunktes nicht die Voraussetzungen einer Tätigkeitsstätte. Zum Sammelpunkt zählen z. B. Busdepot und Fährhafen [10].

Für die Fahrten zwischen Wohnung und diesem Sammelpunkt kann der Arbeitnehmer regelmäßig die Entfernungspauschale gemäß § 9 (1) S. 3 Nr. 4 UStG [2] und § 9 (2) UStG [2] als Werbungskosten ansetzen.

Was ist ein „weiträumiges Tätigkeitsfeld"?
Ein **weiträumiges Tätigkeitsfeld** liegt in den Fällen vor, wo der Arbeitnehmer keine ortsfeste betriebliche Einrichtung des Arbeitgebers aufsucht, um seine berufliche Tätigkeit auszuüben. Beispiele hierfür sind Briefzusteller, Taxifahrer, Hafenarbeiter.

Für die Fahrten von der Wohnung zur Arbeitsstätte kann der Arbeitnehmer auch hier, wie beim Sammelpunkt, die Entfernungspauschale gemäß § 9 EStG [2] ansetzen.

2.2.3 Typische Fahrtkosten

Nachdem nun die wichtigsten Begrifflichkeiten für diesen Abschnitt des *essentials* kurz erläutert wurden, geht es nun weiter mit der Betrachtung von **Fahrtkosten** im Rahmen der Reisekostenabrechnung.

Zu den typischen Fahrtkosten zählen [10]

- Fahrten zwischen Wohnung und auswärtiger Tätigkeitsstätte
- Fahrten zwischen erster Tätigkeitsstätte und auswärtiger Tätigkeitsstätte
- Fahrten zwischen mehreren auswärtigen Tätigkeitsstätten
- Fahrten zwischen Unterkunft am Ort der Tätigkeitsstätte und auswärtiger Tätigkeitsstätte

Nicht zu den Fahrtkosten zählen z. B.

- Fahrten zwischen Wohnung und einem Sammelpunkt
- Fahrten zwischen Wohnung und einem weiträumigen Tätigkeitsfeld

2.2.4 Berechnung der Fahrtkosten

Tatsächliche Kosten bei Nutzung öffentlicher Verkehrsmittel
Nutzt der Arbeitnehmer ein öffentliches Verkehrsmittel (z. B. Bus oder Taxi), so sind die **tatsächlichen Kosten** (bei Vorlage eines ordnungsgemäßen Belegs) bei der Reisekostenabrechnung zu berücksichtigen.

Individueller Kilometersatz bei Nutzung eines privaten Pkw
Fährt er mit dem privaten Pkw, so kann ein **individueller Kilometersatz** ermittelt werden. Hierbei werden die Kosten für den beruflich genutzten Anteil (berufliche Fahrtkosten) den tatsächlich angefallenen Gesamtkosten für einen Zeitraum von 12 Monaten gegenübergestellt und ein individueller Kilometersatz ermittelt, der bei der Reisekostenberechnung zu berücksichtigen ist. Dieser Kilometersatz darf so lange im Rahmen der Reisekostenberechnung berücksichtigt werden, bis das sich die Verhältnisse (z. B. Abschreibungszeitraum) erheblich verändern (vgl. R 9.5 (1) LStR 2015, Stand 17.03.2019).

Der Arbeitgeber kann dem Arbeitnehmer die Kosten steuerfrei erstatten, sofern er entsprechende Unterlagen vorlegt und die Erstattung der Kosten für den Einsatz des privaten Pkw des Arbeitnehmers nicht bereits mit den Kilometerpauschalen erfolgt ist. Diese Unterlagen sind dem Lohnkonto des Mitarbeiters hinzuzufügen und aufzubewahren.

Kilometerpauschale
Nutzt der Arbeitnehmer sein privates Fahrzeug zur Durchführung von beruflichen Fahrten, können die hierfür entstandenen Kosten pauschal mit einem **Kilometersatz von 0,30 EUR** durch den Arbeitgeber steuerfrei erstattet werden.

Alternativ wären die Kosten – sofern der Arbeitgeber nicht erstattet – über die persönliche Einkommensteuer-Erklärung des Arbeitnehmers im Rahmen der Werbungskosten gemäß § 9 (1) S. 3 Nr. 4a EStG [2] zu berücksichtigen.

Stellt der Arbeitgeber dem Arbeitnehmer ein dienstliches Fahrzeug zur Verfügung, kann die Erstattung der Kilometerpauschalen **nicht** steuerfrei erfolgen. (vgl. R 9.5 (2) LStR 2015, Stand 17.03.2019).

Für weitere Informationen zu den Fahrtkosten wird auf das Schreiben des Bundesfinanzministeriums vom 24.10.2014 [10] hingewiesen, welches das ursprüngliche Schreiben vom 30.09.2013 zur Reform des steuerlichen Reisekostenrechts [11] ersetzt.

2.3 Übernachtungskosten

Übernachtungskosten können im Rahmen einer **doppelten Haushaltsführung** oder aufgrund einer **beruflich veranlassten mehrtägigen Auswärtstätigkeit** entstehen.

2.3.1 Unterkunftskosten im Rahmen der doppelten Haushaltsführung

Im Rahmen der **doppelten Haushaltsführung** können Steuerpflichtigen Kosten entstehen, die gemäß § 9 (1) S. 1 Nr. 5 EStG [2] als Werbungskosten abzugsfähig sind.

Bei einer doppelten Haushaltsführung unterhält der Arbeitnehmer einen eigenen Hausstand außerhalb des Ortes, an dem sich die erste Tätigkeitsstätte befindet. Gleichzeitig wohnt der Arbeitnehmer auch am Ort der ersten Tätigkeitsstätte (Hauptwohnung). Dieses führt zu entsprechenden Mehraufwendungen, die steuerliche Berücksichtigung finden können [10].

Das Unterhalten einer Zweitwohnung muss aus beruflichen Gründen erforderlich sein. Für den Fall, dass sich die Zweitwohnung und die Hauptwohnung am Ort der ersten Tätigkeitsstätte befinden, müssen Einzelfallbeurteilungen hinsichtlich der Notwendigkeit vorgenommen werden, die dem

Schreiben des Bundesfinanzministeriums vom 24.10.2014 (BStBl 2014 I, S. 1412) zu entnehmen sind.

Die Höhe der **Unterkunftskosten** für die doppelte Haushaltsführung darf 1000,00 EUR pro Monat und Steuerpflichtigen nicht übersteigen und muss **glaubhaft nachgewiesen** werden. Eine Prüfung von Angemessenheit und Notwendigkeit hinsichtlich Höhe der Kosten wird nicht vorgenommen. Im vorgenannten Betrag von 1000,00 EUR Kosten sind neben der Miete auch die Umlagen, Reinigungskosten der Wohnung, Zweitwohnungssteuer, Abschreibung von Einrichtungsgegenständen etc. abgegolten [10].

▶ Die Kosten für einen Makler zwecks Vermittlung einer Zweitwohnung sind im Betrag von 1000,00 EUR nicht enthalten. Diese können zusätzlich als Werbungskosten in Ansatz gebracht werden.

Die Unterkunftskosten können grundsätzlich im Rahmen der persönlichen Einkommensteuer-Erklärung oder – unter Vorliegen bestimmter Voraussetzungen – im Rahmen einer steuerfreien Erstattung durch den Arbeitgeber erfolgen.

Zum besseren Verständnis nun ein Beispiel:

Beispiel „Unterkunftskosten bei doppelter Haushaltsführung"

Arbeitnehmer R lebt mit seiner Ehefrau N in Koblenz. Dieses ist der Ort der ersten Tätigkeitsstätte, in dem beide beruflich tätig sind. Den Hauptwohnsitz und ihren Lebensmittelpunkt haben die Ehegatten in Bonn. Die Aufwendungen für Miete und notwendige Abschreibungen für notwendige Einrichtungsgegenstände betragen pro Monat 1200,00 EUR. Dieser Betrag kann glaubhaft per Beleg/Vertrag nachgewiesen werden. Beide Ehepartner tragen die Kosten zur Hälfte.

Fazit: Im Rahmen der doppelten Haushaltsführung können sowohl R als auch N die Hälfte von 1200,00 EUR, also 600,00 EUR im Rahmen ihrer persönlichen Einkommensteuer-Erklärung geltend machen.

2.3.2 Unterkunftskosten im Rahmen einer beruflichen Auswärtstätigkeit

Sofern dem Arbeitnehmer im Rahmen einer beruflichen Auswärtstätigkeit Kosten für seine **Unterkunft** entstehen, kann er diese z. B. als Werbungskosten im Sinne des § 9 (1) S. 3 Nr. 5a EStG [10] berücksichtigen.

Wichtig ist hierbei, dass die berufliche Übernachtung an dem Ort stattfindet, wo keine erste Tätigkeitsstätte existiert. Zu den Übernachtungskosten zählen die tatsächlichen Aufwendungen, die dem Arbeitnehmer für die persönliche Übernachtung z. B. in einem Hotel entstehen [2].

Zum besseren Verständnis ein Beispiel:

Beispiel 1 „Unterkunftskosten im Rahmen einer beruflichen Auswärtstätigkeit"

Arbeitnehmer R aus Iserlohn muss für eine zweitägige Geschäftsreise nach Hamburg. Die Kosten für die persönliche Inanspruchnahme eines Hotelzimmers betragen 110,00 EUR. Frühstück ist im vorgenannten Preis **nicht** enthalten. Die Rechnung lautet auf die Firma seines Arbeitgebers.

Fazit: Arbeitnehmer R kann für Zwecke des Werbungskostenabzugs den Wert von 110,00 EUR geltend machen, sofern er einen entsprechenden Beleg als Nachweis vorweisen kann. Auch eine steuerfreie Erstattung durch den Arbeitgeber ist gestattet. Jedoch können die Unterkunftskosten nicht im Rahmen einer Pauschale steuerlich berücksichtigt werden.

Für den Fall, dass der Arbeitnehmer ein Hotelzimmer im Rahmen seiner beruflichen Auswärtstätigkeit zuzüglich Frühstück bucht, ist zu beachten, dass der Anteil des Frühstücks aus dem Gesamtbetrag der Übernachtungskosten herauszurechnen ist, davon ausgehend, dass der Arbeitgeber die Gesamtkosten trägt.

Sofern der Betrag für das Frühstück in der Rechnung nicht gesondert ausgewiesen wurde, muss eine Kürzung der gesamten Übernachtungskosten um 20 %

der Verpflegungspauschale für eine Abwesenheit von mindestens 24 h = 24,00 EUR erfolgen.

Zum besseren Verständnis ein Beispiel:

Beispiel 2 „Unterkunftskosten im Rahmen einer beruflichen Auswärtstätigkeit"

Arbeitnehmer R aus Iserlohn muss im Rahmen einer zweitägigen Geschäftsreise nach Hamburg. Die Kosten für die persönliche Inanspruchnahme eines Hotelzimmers betragen 110,00 EUR. Frühstück ist im vorgenannten Preis enthalten aber nicht gesondert ausgewiesen. Die Rechnung lautet auf die Firma seines Arbeitgebers.

Fazit: Arbeitnehmer R muss die Gesamtkosten um 20 % von 24,00 EUR = 4,80 EUR kürzen, sofern der Arbeitgeber nicht nur die Übernachtungskosten übernimmt, sondern auch das Frühstück stellt.

Für den Fall, dass der Arbeitgeber nur die Übernachtungskosten trägt, kann er an R den Betrag in Höhe von 105,20 EUR steuerfrei auszahlen.

Grundsätzlich wird nur die berufliche Veranlassung von Unterkunftskosten jedoch nicht die Angemessenheit der Unterbringung überprüft.

▶ Der Arbeitgeber kann für eine beruflich veranlasste Übernachtung seines Arbeitnehmers steuerfrei eine Pauschale für die nachgewiesene Übernachtung **ohne Einzelbeleg** in Höhe von 20,00 EUR erstatten.

2.4 Reisenebenkosten

Reisenebenkosten sind ein Teil der Reisekosten. Zu den Reisenebenkosten gehören zahlreiche Kosten, welche im Zusammenhang mit einer Reise entstehen und nicht bereits den Fahrt-, Übernachtungskosten oder Verpflegungsmehraufwand zuzurechnen sind.

Zu den Reisenebenkosten gehören beispielsweise

- Parkplatzgebühren
- Gepäckaufbewahrungs- und Gepäckbeförderungskosten
- Telefonkosten mit dem Kunden
- Kosten für den Verlust von betrieblichen Gegenständen z. B. durch Diebstahl (hiervon ausgenommen sind Güter des Privatvermögens)
- Kosten für Schriftverkehr.

Reisenebenkosten werden grundsätzlich in voller Höhe bei der Reisekostenabrechnung berücksichtigt, sofern diese durch ordnungsgemäßen Beleg nachgewiesen werden können.

▶ Eigenbelege sollten im Rahmen der Reisekostenabrechnung weitestgehend vermieden werden, da diese keine Rückschlüsse auf tatsächliche Kosten zulassen und ein eventueller Vorsteuerabzug für den Unternehmer nicht möglich wäre.

Die Reisenebenkosten können vom Arbeitnehmer als Werbungskosten im Sinne des § 9 EStG [2] angesetzt werden. Voraussetzung hierfür ist, dass nicht bereits der Arbeitgeber eine steuerfreie Erstattung gemäß § 3 Nr. 16 EStG [3] durchgeführt hat. Die Erstattung durch den Arbeitgeber darf steuerfrei maximal bis zur Höhe der tatsächlichen Reisenebenkosten erfolgen, die per Beleg nachgewiesen wurden.

Die nachfolgenden Kosten dürfen **nicht** als Reisenebenkosten berücksichtigt werden

- Bußgelder
- Kosten für den Verlust privater Gegenstände
- Kosten für die Garderobe, die häufig auch im privaten Umfeld getragen werden kann
- Sonstige Kosten der privaten Lebensführung im Sinne des § 12 EStG [4]

Zum besseren Verständnis nun ein Beispiel:

Beispiel „Reisenebenkosten"

Arbeitnehmer R aus Bonn (erste Tätigkeitsstäte) fährt mit dem betrieblichen Pkw von Bonn nach München. Leider übersieht er auf seiner Strecke eine Geschwindigkeitsbegrenzung. Das Bußgeld, welches seinem Arbeitgeber nach Ablauf von 4 Wochen per Bescheid mitgeteilt wird, beträgt 180,00 EUR.

Fazit: Das Bußgeld zählt nicht zu den abziehbaren Reise- bzw. Reisenebenkosten. Für R aus Bonn sind dies Kosten der privaten Lebensführung im Sinne des § 12 EStG [4].

Für weitere Informationen zu den Reisenebenkosten wird auf das Schreiben des Bundesfinanzministeriums vom 24.10.2014 [10] hingewiesen, welches das ursprüngliche Schreiben vom 30.09.2013 zur Reform des steuerlichen Reisekostenrechts [11] ersetzt.

3 Einführung in das Reisekostenrecht für Mitarbeiter des öffentlichen Dienstes – Bundesreisekostengesetz

In Bund und Ländern ist das Reisekostenrecht nicht einheitlich geregelt. Die Grundlage stellt jedoch das **Bundesreisekostengesetz (BRKG)** dar. Dieses regelt Art und Umfang der Reisekostenvergütung von Beamtinnen, Beamten, Richterinnen, Richter des Bundes, Soldatinnen, Soldaten und der in den Bundesdienst abgeordneten Beamtinnen, Beamten, Richterinnen und Richter. Die Allgemeine Verwaltungsvorschrift (BRKGVwV) und andere Regelungen ergänzen das Bundesreisekostengesetz.

Im § 1 BRKG [14] wird der Geltungsbereich des vorliegenden Gesetzes aufgezeigt. Die Reisekostenvergütung im Rahmen des BRKG umfasst die

- Fahrt- und Flugkostenerstattung
- Wegstreckenentschädigung
- Tagegeld
- Übernachtungsgeld
- Auslagenerstattung bei längerem Aufenthalt am Geschäftsort
- Aufwands- und Pauschvergütung
- Erstattung sonstiger Kosten

Diese Positionen werden in den folgenden Abschnitten dieses Kapitel anhand von zahlreichen Beispielen anschaulich erläutert.

K. Nickenig, *Reisekostenrecht,* essentials,
https://doi.org/10.1007/978-3-658-26376-8_3

3.1 Dienstreisen (§ 2 BRKG)

Zu den **Dienstreisen** zählen nach § 2 BRKG [14] sämtliche Reisen, die zum Zwecke der Erledigung von Dienstgeschäften außerhalb der eigenen Dienststätte durchgeführt werden.

Wichtig ist, dass zuvor eine z. B. schriftliche Genehmigung vom Dienstherrn vor Antritt der Reise eingeholt wurde. Findet die Dienstreise am Dienst- oder Wohnort statt, dann ist eine vorherige schriftliche Genehmigung nicht erforderlich.

▶ Bei demjenigen Personenkreis, welcher nicht unter die Regelungen des BRKG fällt, ist eine vorherige schriftliche Genehmigung vor Antritt der Reise aus gesetzlicher Sicht nicht erforderlich.

Dienstreisen sind grundsätzlich nur dann durchzuführen, wenn sie unbedingt erforderlich sind, z. B. aus Gründen der Versetzung oder Abordnung.

Die zeitliche Dauer einer Dienstreise bestimmt sich nach An- und Abreise vom Wohnort des Beschäftigten bzw. Dienststätte.

Beispiel „Dienstreise"

Beamtin B tritt nach vorheriger erfolgter Genehmigung eine notwendige Dienstreise von Bonn (10 Uhr) nach Köln (11 Uhr) an, da sie aufgrund einer Versetzung ein Gespräch mit einem Vorgesetzten vor Ort führen muss.

Fazit: Es handelt sich um eine Dienstreise im Sinne des Bundesreisekostengesetzes. Eine Erstattung der entstandenen Reisekosten ist bei Vorliegen aller erforderlichen Voraussetzungen möglich.

3.2 Reisekostenvergütung (§ 3 BRKG)

Der Anspruch auf **Reisekostenvergütung** ist im§ 3 BRKG [14] geregelt.

Hiernach hat derjenige Dienstreisende einen Anspruch auf Erstattung von Reisekosten, welcher einen Antrag auf Erstattung von notwendigen Reisekosten stellt. Dieser Anspruch erlischt, wenn dieser nicht binnen 6 Monaten nach Durchführung der Reise elektronisch oder schriftlich beantragt wurde.

Der Dienstreisende muss zu Beweiszwecken entsprechende Kostenbelege einreichen, sofern eine Vorlage verlangt wird. Dieses hat **innerhalb eines Zeitraums von 6 Monaten** nach Antragstellung zu erfolgen.

Werden die Belege auf Anfrage nicht innerhalb von 3 Monaten vorgelegt, besteht das Risiko, dass der Vergütungsantrag abgelehnt wird.

Erhält der Dienstreisende Erstattungen von dritter Stelle, sind diese auf die zu erstattenden Reisekosten anzurechnen.

Beispiel „Reisekostenvergütung"

Beamtin B stellt innerhalb von 2 Wochen einen Erstattungsantrag für die entstandenen notwendigen Reisekosten (Bahn) für das Gespräch beim Vorgesetzten in Köln. Aussagekräftige Belege legt sie auf Verlangen rechtzeitig vor.

Fazit: Es handelt sich um eine Dienstreise, deren Reisekosten der Beamtin B erstattet werden können, da diese ordnungsgemäß innerhalb einer Frist von 6 Monaten einen Erstattungsantrag gestellt hat. Da sie auch die Belege für die Durchführung der Reise rechtzeitig auf Verlangen einreicht, ist eine Reisekostenvergütung vorzunehmen.

3.3 Flug- und Fahrtkostenerstattung (§ 4 BRKG)

Entstehen dem Dienstreisenden Kosten für **Flüge oder sonstige Fahrten,** dann können diese, wenn sie mit regelmäßig verkehrenden Beförderungsmitteln durchgeführt wurden, bis zur Höhe der niedrigsten Beförderungsklasse erstattet werden.

Fährt der Dienstreisende mit der Deutschen Bahn und dauert die Fahrt **länger als 2 h,** so ist es möglich, die Kosten für die nächsthöhere Klasse zu ersetzen.

Für einen Flug können Kosten für die niedrigste Klasse berücksichtigt werden. Sollten wirtschaftliche oder dienstliche Gründe für einen Flug mit einem regelmäßig verkehrenden Flugzeug vorliegen, ist die Erstattung von Kosten für die nächsthöhere Klasse möglich.

Gewährte Fahrpreisermäßigungen sind grundsätzlich bei der Erstattung der Reisekosten in Abzug zu bringen.

Kann der Dienstreisende eine **unentgeltliche Mitnahmegelegenheit** nutzen, ist eine Erstattung von Reisekosten nicht möglich.

Für den Fall, dass der Dienstreisende einen **Behinderungsgrad von mehr als 50 %** nachweisen kann, können diesem die Kosten für die nächsthöhere Klasse erstattet werden.

Gibt es wichtige Gründe für die Nutzung von Taxi oder Mietwagen können auch in diesen Fällen die Kosten erstattet werden.

Zum besseren Verständnis ein Beispiel:

Beispiel „Fahrtkostenerstattung"

Beamtin B muss zu einem Gespräch mit dem Vorgesetzten von Bonn nach Köln anreisen. Hierzu bucht sie einen Mietwagen, da sie schnellstmöglich wieder in ihre Dienststätte nach Bonn zurückkehren muss, da sie am gleichen Tag noch ein anderes wichtiges Dienstgespräch mit einem Kollegen vor Ort zu führen hat.

Fazit: Es handelt sich im vorliegenden Fall um einen triftigen Grund, weshalb die Kosten für den Mietwagen erstattungsfähig sind.

3.4 Wegstreckenentschädigung (§ 5 BRKG)

Die Kilometerpauschale wird im Rahmen des BRKG als sogenannte **Wegstreckenentschädigung** bezeichnet. Diese beträgt 0,20 EUR pro gefahrenen Kilometer bei Nutzung von anderen Beförderungsmitteln als diejenigen, die im § 5 BRKG [14] aufgeführt sind.

Höchstens ist ein Betrag in Höhe von 130,00 EUR erstattungsfähig; in Ausnahmefällen (triftige Gründe) kann auch ein Betrag in Höhe von 150,00 EUR dem Dienstreisenden erstattet werden.

Keine Wegstreckenentschädigung wird gewährt, wenn ein Beförderungsmittel unentgeltlich genutzt werden kann oder eine Mitfahrgelegenheit z. B. bei einem Dienstkollegen bestanden hat.

Zum besseren Verständnis ein Beispiel:

Beispiel „Wegstreckenentschädigung"

Beamtin B muss zu einem Gespräch mit dem Vorgesetzten von Bonn nach Köln anreisen. Hierzu benutzt sie ihren eigenen privaten Pkw.

Fazit: Die Kosten lässt sie sich mit 0,20 EUR/Kilometer vom Dienstherrn erstatten, da sämtliche Voraussetzungen, die das BRKG vorsieht, erfüllt werden.

3.5 Tagegeld (§ 6 BRKG)

Für die Mehraufwendungen, die dem Dienstreisenden auf seiner Dienstreise für die eigene Verpflegung entstehen, erhält dieser im Rahmen des Bundesreisekostengesetzes ein sogenanntes **Tagegeld** im Sinne des Einkommensteuergesetzes.

Tab. 3.1 Kürzungen bei Verpflegungspauschalen bzw. Tagegeld

Vorgang	Kürzung in %
Frühstück	20
Mittagessen	40
Abendessen	40

Sofern zwischen Dienststätte, Wohnung und der Stelle, an der das Dienstgeschäft durchgeführt wird, nur eine geringe Entfernung gegeben ist, wird kein Tagegeld gewährt. Was allerdings als geringe Entfernung einzustufen ist, wird im Gesetz nicht weiter erwähnt.

Wird der Dienstreisende unentgeltlich verpflegt, werden die klassischen Verpflegungspauschalen im Sinne des Einkommensteuergesetzes gekürzt. Hierbei handelt es sich um Kürzungsbeträge (s. Tab. 3.1):

Nimmt der Dienstreisende die unentgeltlich zur Verfügung gestellte Verpflegung (z. B. Mittagessen) nicht in Anspruch, wird dennoch eine Kürzung vorgenommen.

Beispiel „Tagegeld"

Beamtin B ist im Rahmen einer erforderlichen und im Vorfeld bereits genehmigten Dienstreise unterwegs. Die Verpflegung (Mittagessen) wird vom Dienstherrn gestellt.

Fazit: Es handelt sich um eine Dienstreise im Sinne des BRKG. Da der Dienstherr die Mahlzeit zahlt, ist die Verpflegungspauschale (Höchstbetrag) beim Mittagessen um 40 % zu kürzen. Der Kürzungsbetrag ermittelt sich wie folgt: 24,00 EUR x 40 % = 9,60 EUR.

3.6 Übernachtungsgeld (§ 7 BRKG)

Muss der Dienstreisende notwendigerweise außerhalb seiner Wohnung übernachten, steht ihm eine Pauschale in Höhe von 20,00 EUR zu. Für den Fall, dass die notwendige **Übernachtung** höhere Kosten verursacht, sind diese zu erstatten.

Die Erstattung von **Übernachtungsgeld** kann gegebenenfalls abgelehnt werden, wenn z. B. die Übernachtung auf die Dauer der Nutzung eines Beförderungsmittels begrenzt ist (z. B. Flugzeug) oder eine Unterkunft von Amts wegen unentgeltlich zur Verfügung gestellt, diese aber vom Dienstreisenden nicht genutzt wird. Weitere Beispiele sind im § 7 (2) BRKG [14] aufgeführt.

Beispiel „Übernachtungsgeld"

Beamtin B übernachtet im Rahmen einer notwendigen und im Vorfeld genehmigten Dienstreise bei Bekannten in A (außerhalb des Dienst- und Wohnortes).

Fazit: Es handelt sich um eine Übernachtung auf einer notwendigen Dienstreise im Sinne des BRKG. Eine Erstattung von pauschal 20,00 EUR ist möglich.

3.7 Auslagenerstattung bei längeren Dienstreisen (§ 8 BRKG)

Für den Fall, dass der **Dienstreisende länger als einen Zeitraum von 14 Tagen** an einem auswärtigen Geschäftsort verweilen muss, wird ab dem 15. Tag der Reise ein Tagegeld gewährt, welches um 50 % reduziert ist. In dringlichen Fällen kann jedoch auch eine Kürzung unterbleiben.

Notwendige Übernachtungskosten werden erstattet; die Gewährung einer Übernachtungspauschale ist hierbei nicht angedacht und im Gegensatz zu § 7 BRKG [14] nicht möglich.

Wird der Geschäftsort für Zwecke der Heimfahrt verlassen, werden für die Aufenthaltstage in der Wohnung keine Tagegelder gewährt.

Beispiel „Auslagenerstattung längere Dienstreise"

Beamtin B tritt nach vorheriger erfolgter Genehmigung eine notwendige Dienstreise für 20 Tage nach München an. Wohn- und Dienststätte befinden sich in Hamburg.

Fazit: Es handelt sich um eine notwendige Dienstreise im Sinne des BRKG. Ab dem 15. Tag der Reise wird ein um 50 % halbiertes Tagegeld gewährt.

3.8 Aufwands- und Pauschvergütung (§ 9 BRKG)

Sofern Dienstreisenden geringere Kosten im Rahmen der Übernachtung und Verpflegung als allgemein üblich entstehen, erhalten diese eine **reduzierte Aufwandsvergütung anstelle von Tagegeld oder Übernachtungspauschale.** Eine Berechnung kann nach Stundensätzen erfolgen.

Beispiel „Aufwands- und Pauschvergütung"

Beamtin B befindet sich von 8 Uhr bis 23 Uhr auf Dienstreise von Göttingen nach Hannover. Da sie sehr sparsam ist, hat sie sich lediglich zum Mittagessen eine Currywurst gekauft. Der Preis hierfür beträgt 3,50 EUR. Fahrtkosten sind ihr ebenfalls nicht entstanden, da sie unentgeltlich von Freunden im Pkw mitgenommen wurde. Abends kehrt sie in ihre Wohnung zurück.

Fazit: Es handelt sich um eine Dienstreise im Sinne des BRKG. Da die Dienstreise wesentlich weniger Kosten verursacht hat als allgemein üblich, werden B reduzierte Aufwandsvergütungen zuteil. Tagegeld und Übernachtungspauschale entfallen.

3.9 Erstattung sonstiger Kosten (§ 10 BRKG)

Entstehen dem Dienstreisenden **sonstige (notwendige) Kosten** im Rahmen einer Dienstreise, die nicht bereits zu den vorgenannten Übernachtungs- oder Tagegeldern etc. zählen, werden diese, wenn sie notwendig sind, erstattet. Für den Fall, dass eine Dienstreise aus bestimmten Gründen ausfällt, für die der Dienstreisende selbst nicht verantwortlich ist, werden die Kosten im Rahmen der Vorbereitung erstattet.

Beispiel „Erstattung sonstiger Kosten"

Beamtin B besucht aus dienstlichen Gründen eine Messe für Aus- und Weiterbildung. Ihr entstehen Kosten für den Eintritt und den Katalog in Höhe von 20,00 EUR

Fazit: Es handelt sich um eine Dienstreise im Sinne des BRKG. Eine Erstattung der sonstigen Kosten in Höhe von 20,00 EUR sind möglich.

3.10 Reisekostenvergütung in besonderen Fällen (§ 11 BRKG)

Wird ein Mitarbeiter des öffentlichen Dienstes im Rahmen einer **Abordnung, Kommandierung oder Versetzung** dazu verpflichtet, eine Dienstreise anzutreten, wird das Tagegeld für die Zeit bis zur Ankunft am Zielort gewährt. Auch die Gewährung von Trennungs- und Übernachtungsgeld sind in vorgenannten Fällen möglich. Für weitere Informationen wird auf § 11 BRKG [14] verwiesen.

Für den Fall, dass eine Einstellung erfolgen soll, wird dem Bewerber Reisekostenvergütung wie auf einer Dienstreise gewährt. Diese darf jedoch hinsichtlich des Erstattungsbetrages nicht höher sein, als die Vergütung für den Weg von der Wohnung bis zur Dienststätte.

Reisekostenvergütungen können auch geleistet werden, wenn eine **Einstellung in den öffentlichen Dienst oder das Ausscheiden aus dem öffentlichen Dienst** anstehen.

Auch für Zwecke der **Aus- und Weiterbildung** können Reisekostenvergütungen gewährt werden, davon ausgehend, dass diese Maßnahme im dienstlichen Interesse erfolgt.

Für weitere Situationen, in denen eine Reisekostenvergütung denkbar ist, wird auf § 11 BRKG [14] verwiesen.

Beispiel „Reisekostenvergütung in besonderen Fällen"

Beamtin B nimmt an einer Fortbildungsveranstaltung teil. Sie reist von ihrem Dienstort Kassel nach Hannover, wo die Schulung stattfinden soll. Die Fortbildung erfolgt im dienstlichen Interesse.

Fazit: Es handelt sich um eine Dienstreise im Sinne des BRKG. Eine Erstattung der entstandenen Reisekosten ist bei Vorliegen aller erforderlichen Voraussetzungen möglich.

3.11 Erkrankung auf einer Dienstreise (§ 12 BRKG)

Für den Fall, dass ein öffentlich Bediensteter auf einer Dienstreise **erkrankt,** werden für die Dauer des Krankenhausaufenthaltes die erforderlichen Kosten für die Unterkunft am Geschäftsort erstattet. Dies gilt für jeden vollen Kalendertag, in dem sich die erkrankte Person im Krankenhaus befindet. Ist der Angestellte lebensgefährlich erkrankt, werden seinem Angehörigen Auslagen für den Besuch des Erkrankten erstattet. Hierzu ist ein ärztliches Attest vorzulegen.

Beispiel „Erkrankung auf einer Dienstreise"

Beamtin B bricht sich auf einer Dienstreise in Berlin ein Bein und muss für 2 Tage in ein Krankenhaus. Die Kosten für das Hotel, in dem sich B für die Dauer der Dienstreise eingebucht hat, sind nicht stornierbar.

Fazit: Es handelt sich um eine Dienstreise im Sinne des BRKG. Die Kosten für die Unterkunft am Geschäftsort (Hotel) werden für jeden vollen Tag des Krankenhausaufenthaltes (B) erstattet.

3.12 Dienstreise und Privatreise (§ 13 BRKG)

Verbindet ein öffentlich Bediensteter eine **Dienstreise mit einer Privatreise,** so wird die Reisekostenvergütung so bemessen, als hätte nur die Dienstreise stattgefunden.

Sofern eine Dienstreise mit einem **Urlaub von mehr als 5 Tagen** verbunden wird, werden lediglich die zusätzlich zur Erledigung des Dienstgeschäftes angefallenen Kosten als Fahrtauslagen erstattet. Auch Tage- und Übernachtungsgeld kann für die Dauer des Dienstgeschäfts gewährt werden.

Für den Fall, dass ein Urlaub aus dienstlichen Gründen vorzeitig zu beenden ist, wird z. B. für die Rückreise vom Urlaubsort zum Dienstort Reisekostenvergütung gewährt.

Für die Unterbrechung oder frühzeitige Beendigung der Urlaubsreise, die aus dienstlichen Gründen notwendig werden kann, wird dem Bediensteten und den begleitenden Personen ein Auslagenersatz gewährt.

Beispiel „Dienstreise und Privatreise"

Beamtin B tritt nach vorheriger erfolgter Genehmigung eine Dienstreise von Bonn nach Hamburg an, da sie aufgrund einer Versetzung ein Gespräch mit einem Vorgesetzten vor Ort führen muss. Da ihr Hamburg gut gefällt, ist die Rückreise einen Tag später geplant.

Fazit: Es handelt sich um eine Dienstreise im Sinne des BRKG. Eine Erstattung der entstandenen Reisekosten für die Dienstreise ist bei Vorliegen aller erforderlichen Voraussetzungen möglich. Eine Erstattung der Kosten für den zusätzlichen (privaten) Tag ist in diesem Falle ausgeschlossen.

3.13 Auslandsdienstreisen (§ 14 BRKG)

Dienstreisen in und aus dem Ausland bezeichnet § 14 BRKG [14] als sogenannte Auslandsdienstreise. Das Bundesministerium des Innern kann wegen besonderer Verhältnisse gegebenenfalls abweichende Regelungen zur Erstattung von Reisekostenvergütungen (z. B. Fahrt- und Flugkosten) erlassen.

Beispiel „Auslandsdienstreisen"

Beamtin B tritt nach vorheriger erfolgter Genehmigung eine Dienstreise von Bonn nach Paris (Frankreich) an, da sie aufgrund einer Versetzung ein Gespräch mit einem Vorgesetzten vor Ort führen muss.

Fazit: Es handelt sich um eine Dienstreise im Sinne des BRKG. Eine Erstattung der entstandenen Reisekosten (evtl. abweichende Höhe zu den inländischen Reisekosten) ist bei Vorliegen aller erforderlichen Voraussetzungen möglich.

3.14 Trennungsgeld (§ 15 BRKG)

Unter bestimmten Voraussetzungen können bspw. Beamte, die von Dienst- oder Wohnort abgeordnet werden, **Trennungsgeld** beantragen und erhalten dieses auch, wenn keine Umzugskostenvergütungen im Rahmen der Abordnung zugesagt wurden.

Auch für den Fall, dass Beamte ins Ausland oder aus dem Ausland ins Inland abberufen werden, können Trennungsgelder ausgezahlt werden.

Darüber hinaus ist es auch möglich, dass z. B. für die Ausbildung von Beamten außerhalb des Dienst- und Wohnortes die Erstattung von Mehraufwendungen gewährt werden kann.

Beispiel „Trennungsgeld"

Beamtin B muss im Rahmen ihrer Ausbildung für 2 Monate nach Hamburg, obwohl ihr Dienstort in Hannover ist.

Fazit: B kann unter Vorliegen entsprechender Voraussetzungen Trennungsgeld für den Zeitraum der Ausbildung in Hamburg beantragen.

4 Fazit

Mithilfe dieses *essentials* soll der interessierte Leser nun einen kurzen Überblick über das Reisekostenrecht sowohl im privatwirtschaftlichen Bereich wie auch im öffentlichen Dienst erhalten haben. Diese Lektüre erhebt bei weitem keinen Anspruch auf Vollständigkeit. Wichtig ist stets, die aktuelle Gesetzeslage zu beachten und den steuerlichen Berater in Zweifelsfällen zur Klärung des Sachverhaltes zu kontaktieren.

Wir wünschen Ihnen viel Erfolg bei Erstellung von Reisekostenabrechnungen!

K. Nickenig, *Reisekostenrecht*, essentials,
https://doi.org/10.1007/978-3-658-26376-8_4

Was Sie aus diesem *essential* mitnehmen können

- Definition relevanter Fachbegriffe im Reisekostenrecht
- Einblick in gesetzliche Grundlagen (z. B. Lohnsteuer-Richtlinien und Bundesreisekostengesetz)
- Aktuelle Pauschalen und Regelungen
- Zahlreiche Beispiele

K. Nickenig, *Reisekostenrecht*, essentials,
https://doi.org/10.1007/978-3-658-26376-8

Literatur

Bundesministerium für Justiz und Verbraucherschutz

1. https://www.bundesfinanzministerium.de/Content/DE/Downloads/BMF_Schreiben/Weitere_Steuerthemen/Abgabenordnung/Datenzugriff_GDPdU/2014-11-14-GoBD.html; Abruf am 16.03.2019
2. https://www.gesetze-im-internet.de/estg/__9.html; Abruf am 16.03.2019
3. https://www.gesetze-im-internet.de/estg/__3.html; Abruf am 17.03.2019
4. http://www.gesetze-im-internet.de/estg/__12.html; Abruf am 17.03.2019
5. https://www.bundesfinanzministerium.de/Content/DE/Downloads/BMF_Schreiben/Steuerarten/Lohnsteuer/2018-11-28-steuerliche-behandlung-reisekosten-reisekosten-verguetungen-2019.html; Abruf am 22.03.2019
6. http://www.gesetze-im-internet.de/estg/__40.html; Abruf am 22.03.2019
7. https://www.gesetze-im-internet.de/estg/__8.html; Abruf am 23.03.2019
8. https://www.gesetze-im-internet.de/estg/__4.html; Abruf am 27.03.2019
9. https://www.gesetze-im-internet.de/ustg_1980/__15.html; Abruf am 27.03.2019

Bundesministerium der Finanzen

10. Schreiben des Bundesfinanzministeriums vom 24.10.2014 (BStBl 2014 I, S. 1412); Abruf am 16.03.2019
11. Schreiben des Bundesfinanzministeriums vom 30.09.2013 (BStBl 2013 Teil I, S. 1279); Abruf am 17.03.2019

K. Nickenig, *Reisekostenrecht,* essentials,
https://doi.org/10.1007/978-3-658-26376-8

Bundesfinanzhof

12. BFH-Urteil vom 09.06.2011 – VI R 58/09 BStBl 2012 II, S. 34
13. BFH-Urteil vom 10.02.2005 – V R 76/03 BStBl 2005 II, S. 509

Bundesministerium für Justiz und Verbraucherschutz

14. https://www.gesetze-im-internet.de/brkg_2005/BJNR141810005.html; Abruf am 27.03.2019